BOSQUEJOS DE SERMONES PARA LA JUVENTUD

volumen 2

Recopilados por

Charles R. Wood

PORTAVOZ

La misión de *Editorial Portavoz* consiste en proporcionar productos de calidad —con integridad y excelencia—, desde una perspectiva bíblica y confiable, que animen a las personas a conocer y servir a Jesucristo.

Título del original: *Sermon Outlines on Youth Related Issues, volume 2* © 2007 por Charles R. Wood y publicado por Kregel Publications, una división de Kregel, Inc., P.O. Box 2607, Grand Rapids, MI 49501. Traducido con permiso.

Edición en castellano: *Bosquejos de sermones para la juventud, volumen 2,* © 2009 por Charles R. Wood y publicado por Editorial Portavoz, filial de Kregel Publications, Grand Rapids, Michigan 49501. Todos los derechos reservados.

Ninguna parte de esta publicación podrá reproducirse de cualquier forma sin permiso escrito previo de los editores, con la excepción de citas breves en revistas o reseñas.

A menos que se indique lo contrario, todas las citas bíblicas han sido tomadas de la versión Reina-Valera 1960, © Sociedades Bíblicas Unidas. Todos los derechos reservados.

EDITORIAL PORTAVOZ
P.O. Box 2607
Grand Rapids, Michigan 49501 USA

Visítenos en: www.portavoz.com

ISBN 978-0-8254-1910-2

1 2 3 4 5 / 13 12 11 10 09
Impreso en los Estados Unidos de América
Printed in the United States of America

CONTENIDO

Introducción 5
Los sutiles secretos de ventas de Satanás 6
Una triste historia de rebeldía 8
El padre vigilante 10
La ira del hermano mayor 12
Los efectos del pecado 14
De vuelta a casa 16
Perdón paterno 17
Cómo afrontar la tentación 19
Lecciones sobre la lengua 20
¡Vigila tu espíritu! 22
Ejemplos de amistad: Amón y Jonadab 23
Ejemplos de amistad: Jonatán 24
Cinco enfoques para la amistad 25
Amistad con el mundo 26
Tentar a la suerte 27
¿Qué significa seguir a Cristo? 29
Edificar una vida de influencia 30
¿Qué dijo Jesús del cristianismo superficial? 31
Cuando un don nadie se convirtió en alguien 32
¡Escoge perdonar! 34
¿Se ve tu autenticidad? 35
¡Decídete! 36
Errores en medio de la tormenta 38
Carácter cristiano: en construcción 39
Apresúrate 40
Desde la concepción hasta la realización 42
¡No me tientes! 43
¿Leche o alimento sólido? 45
Un corazón endurecido 46
Un mandamiento difícil 48
La verdadera confesión 49
La pregunta definitiva 50

¡Emociónate! 52
Tres asignaturas para sacar un sobresaliente 53
Una ciudad sin murallas........................... 55
¡A nadie le gustan los reproches!..................... 57
El control de la mente 59
El camino del mundo............................. 61
¡No te engañes! 63

INTRODUCCIÓN

Los jóvenes, especialmente aquellos que tienen entre 13 y 19 años, siempre se han enfrentado a retos y tentaciones. No obstante, parece como si las presiones y oportunidades que enfrentan hoy día fueran mucho mayores que en el pasado. Es animador saber que la Biblia misma, que habló de la situación de la juventud en el pasado, es aún relevante a sus necesidades actuales.

Los sermones en este libro están diseñados para poder tratar con el tipo de temas que son de mayor importancia en la mente y en la vida de una generación continuamente bombardeada por los llamamientos del comercio y la atracción de la carne. También tocan los puntos polémicos a que se enfrentan los adolescentes y jóvenes ante los cuales han de tomar decisiones, típicamente claras, además de aquellas que sean más confusas y que requieren una elección entre males mayores y menores. Todos los mensajes se han predicado a adolescentes y adultos jóvenes y en general han generado respuestas positivas.

Hay siete sermones sobre los "hijos pródigos" (sí, el hermano mayor era tan pródigo como el hermano más joven). Aquellos dos hijos parecen abarcar muchas de las acciones y actitudes demostradas y muchas de las preguntas suscitadas por los jóvenes. Muchos de los otros bosquejos son más concisos de lo que es típico en bosquejos en esta serie. Esto es así debido al hecho de que el periodo de atención de los jóvenes de hoy suele ser más bien corto.

El recopilador del libro ha ministrado a los jóvenes durante cincuenta años y continúa haciéndolo de forma habitual mediante predicaciones en escuelas cristianas y otros programas. La mayoría de los sermones en este libro son suyos, pero unos cuantos pertenecen al Rev. Rick Wood, pastor principal de la Grace Church, en Granger (Indiana), y antiguo pastor de jóvenes de la misma congregación. (Cabe mencionar que también es el hijo del recopilador.)

Los mensajes no están diseñados para sacarlos del libro y predicarlos tal cual, sino que se presentan con el fin de llevar al lector a la reflexión y crear estructuras algo más formales, que podrían ser útiles al imprimir el predicador su sello personal en el mensaje mediante una consideración seria y una elaborada preparación. En algunos ejemplos, un solo punto en un bosquejo más amplio puede desarrollarse como sermón independiente.

El presente libro está sustentado por la oración sincera de que Dios use los sermones para tocar el corazón y la vida de una generación con un potencial increíble y para que tenga una influencia en conducir ese potencial hacia unos logros positivos para el Señor y para su reino.

LOS SUTILES SECRETOS DE VENTAS DE SATANÁS
Lucas 15:11-12

Introducción:
Satanás nos tiene a todos en la mira, pero en especial a los jóvenes. Él es un vendedor experto y tiene estrategias siniestras. La historia del hijo pródigo nos revela, en forma directa o indirecta, muchas de sus estrategias.

I. Satanás induce al descontento en el estado actual de uno mismo
   A. Se asume del tenor de la historia: al joven le iba bien
      1. Esto se evidencia en todas las reacciones del padre
      2. El joven llegó a estar descontento con lo que tenía, lo que le indujo a marcharse
   B. Satanás obra en nosotros de la misma manera
      1. Nos hace contentos con lo que debería causar descontento
      2. Nos hace descontentos con lo que debería causar contento
   C. Una vez establecido el descontento, cualquier cosa es posible

II. Satanás apela a nuestro deseo de gratificación inmediata
   A. El joven quería lo que le tocaba, pero antes de hora
      1. Sería suyo en el futuro
      2. Lo exigía ya, aunque causara problemas

- B. Satanás obra en nosotros casi de la misma manera
    1. Nuestra sociedad busca la gratificación inmediata
    2. Es fácil "quererlo ahora": el dinero, el sexo, la felicidad, las soluciones a los problemas de la vida, etc.
- C. Una vez que se exige la gratificación inmediata, se evapora la prudencia

III. Satanás ofrece imágenes de cosas "mejores" en otros sitios
- A. Se presenta la provincia apartada como mejor
    1. No es difícil imaginarse los atractivos
    2. No solo quería salir, sino también quería "entrar" en algún otro lugar
- B. Satanás nos ofrece la misma atracción
    1. Puede ser geográfica, moral, laboral
    2. Las cosas siempre están mejor en algún otro sitio
- C. Una vez establecida la idea de que "hay algo mejor en otro sitio" es difícil quedarse en casa

IV. Satanás nos anima a centrarnos en nosotros mismos
- A. El joven no pensó en los demás, sino que era indiferente
    1. Ignoró los sentimientos de su padre
    2. Fue desagradecido frente a la generosidad de su padre
    3. No mostró amor hacia su padre y hacia su hermano (algunas de las quejas del hermano mayor eran válidas)
    4. Lo que pidió el joven probablemente tuvo efectos negativos sobre la hacienda del padre
- B. Satanás nos hace lo mismo
    1. Hay tanto énfasis hoy en día en amarse a sí mismo que Satanás debe estar encantado
    2. Él hace que nos centremos en nosotros mismos
- C. Satanás tiene mucho con que trabajar en este sentido, ya que somos egoístas y orgullosos por naturaleza (aprovecha nuestra debilidad existente)

V. Con gran eficacia, Satanás nos oculta el final
- A. El joven no tenía ni idea de cómo acabarían las cosas
    1. No se hubiera marchado si se hubiera dado cuenta de cómo acabaría

          2. Lo único que podría ver era todo lo positivo del "otro" lugar
   B. Satanás nunca nos permite vislumbrar el final
      1. Siempre oculta los resultados, no nos dejará verlos o hará que nuestro orgullo nos engañe
      2. Numerosos ejemplos: fumar, beber, flirteos, actividad sexual, indiferencia, actividades emocionantes
   C. Hay muchas cosas que no haríamos si pudiéramos ver cómo acaban

Conclusión:

Satanás es un experto psicólogo. Como resultado, también es un experto vendedor. Le vendió una ruina al hijo pródigo. Siempre trata de engatusarnos con malos negocios. Es importante andar con el Señor. Es imprescindible asegurarnos de que cada decisión que tomemos esté basada en las Escrituras y apoyada en la oración.

UNA TRISTE HISTORIA DE REBELDÍA
Lucas 15:11-16

Introducción:

"Lo hice a mi manera" dice la famosa canción de Frank Sinatra. La frase describe una característica propia del ser humano. ¿Cuál fue el problema del hijo pródigo? ¿Por qué se marchó de casa? ¿Qué le hizo meterse en problemas? Creo que fue la rebeldía. Muchos de los síntomas estaban presentes.

I. La rebeldía siempre rechaza la autoridad
   A. Rechaza la autoridad humana
      1. "Padre dame…"
      2. "Déjame irme…"
   B. En el proceso, rechaza a Dios, el cual ha establecido las autoridades en nuestra vida
   C. Rechaza lo que podemos saber de la voluntad de Dios
      1. Aquello que nos revela la Palabra
      2. La rebeldía nos pone en lucha constante con la autoridad de la Biblia

II. La rebeldía nunca está contenta en la casa del padre
   A. El hijo pródigo quería marcharse físicamente y así lo hizo
      1. Dejó su casa y se fue a otro lugar
      2. Una "provincia apartada" parece importante
   B. La rebeldía crea inquietud
      1. Dios expulsó a Adán y Eva; probablemente éstos se hubieran marchado de todos modos
      2. La vida está llena de autoridad; la rebeldía nos convierte en inquietos bajo la autoridad
   C. La rebeldía hace que nos marchemos mentalmente cuando es imposible marchar físicamente
      1. No es necesario mudarte para "dejar la casa del padre"
      2. Por regla general, el hecho de marcharse es el resultado de una decisión mental previa

III. La rebeldía siempre comienza sutilmente y acaba abiertamente
   A. El primer paso no era pecado en el sentido estricto de la palabra
      1. El hijo simplemente, por el motivo que fuera, quiso marcharse
      2. Mudarse (incluso la división de la herencia) no era necesariamente pecaminoso
   B. La rebeldía lleva al derroche
      1. Malgastó su herencia
      2. Cuando te alejas del padre, siempre malgastas al menos una parte de tu herencia (a veces no puede recuperarse)
   C. La rebeldía lleva a un desplome total, que es siempre el resultado final del pecado y un estilo de vida pecaminoso

IV. La rebeldía siempre crea problemas
   A. Causó conflictos en casa
      1. Destacados problemas con el hermano mayor
      2. Sin duda también otros problemas
   B. Causó la rotura de relaciones
      1. El padre estaba afligido
         a. Veía al hijo como si hubiera muerto (Lc. 15:24)

            b. El hijo mayor estaba irritado
        2. Causó una ruina personal
            a. Quedó en la pobreza absoluta
            b. Reducido al cuidado de cerdos

V. La rebeldía se conquista únicamente por medio de la rendición
   A. Las presiones llegaron a su vida
        1. Suscita cuestiones sobre cuánto ayudar a ciertas personas
        2. Las presiones tenían un propósito positivo
   B. Aseguró su atención por la fuerza
        1. Dios tiene una manera de hacerlo así
        2. Finalmente, el hijo miró hacia arriba cuando no podía ir más abajo
   C. Su voluntad se quebrantó voluntariamente
        1. Dios no le obligó a rendirse
        2. El hijo podría haber continuado resistiéndose

Conclusión:

La rebeldía es un problema entre los jóvenes. Cuanto mayores nos hacemos, más difícil es tratar con ella. Debes tratar con la rebeldía o Dios te quebrantará. Sólo tú puedes rendirte a Él. Tu respuesta a su Palabra es una buena prueba de tu necesidad.

EL PADRE VIGILANTE

Lucas 15:11-24

Introducción:

Solemos pensar en las cosas en términos de Jonás: llamado por Dios, pero yendo en la dirección opuesta. Dios intervino en la naturaleza; Jonás fue tragado por un gran pez y fue dirigido en la dirección correcta. Pero Dios no siempre obra de la manera que pensamos que debería.

I. El padre le dio lo que pidió
   A. Aunque era difícil, su padre aceptó
   B. Recibió lo que le tocaba

C. Con frecuencia, Dios nos da lo que pedimos (Sal. 105:15)

II. El padre le dejó que se marchara
A. No hizo ningún esfuerzo para detenerle
B. Le permitió dar rienda suelta a su obstinación
C. Lo hizo así, sin duda alguna sabiendo donde acabaría
D. Dios normalmente permite que la obstinación y la rebelión se marchen

III. El padre no interviene en su vida obstinada
A. Probablemente sabía dónde estaba o dónde podía encontrarle
B. El padre no hizo ningún esfuerzo para intervenir pero permitió que la obstinación de su hijo siguiera su camino
C. Con frecuencia, Dios permite que la obstinación y la rebelión sigan su curso natural (hasta su amargo final)

IV. El padre esperó que decidiera volver a casa
A. No hubo decisión obligada
B. El padre no participó en la decisión
C. Normalmente Dios nos deja tomar nuestras propias decisiones, aunque tiene una parte en ellas, a través del Espíritu Santo

V. El padre le recibió abiertamente cuando volvió
A. Apenas le dejó hablar
B. Le restauró completamente
C. Dios siempre recibe y restaura al penitente que regresa

Conclusión:

Dios permite a los humanos una enorme libertad. Esto explica por qué algunos se salen con la suya, y por qué Él normalmente no interviene. Dios deja que las cosas sigan su curso natural. El hecho de que Él no intervenga no demuestra nada. La mejor y más básica respuesta a la rebeldía es volver al Padre por ti mismo.

LA IRA DEL HERMANO MAYOR
Lucas 15:25-32

Introducción:
Hoy en día, la mayoría de los pecados se justifican como equivocaciones, confusiones, accidentes, abusos de otros, opiniones personales, etc. La mayoría de nosotros ya hemos redefinido el pecado bastante bien. La historia del hermano mayor nos muestra cómo.

I. **El hermano mayor puesto a prueba**
   A. Sale su mal carácter
      1. Un "hombrecito repelente"
      2. Hace al hijo pródigo parecer mejor en comparación
   B. Obviamente el mayor era importante, o no hubiera salido en la historia

II. **El hermano mayor puesto en evidencia: ¿Qué demuestra? Pecados del espíritu**
   A. Orgullo
      1. Se jactaba de sí mismo
      2. Quería dictarle al padre qué hacer
      3. Se refugiaba en su propia virtud y obediencia
   B. Envidia
      1. Una mala emoción
      2. No le gustaba lo que el hermano recibió
      3. No quería que su hermano lo tuviera
   C. Ingratitud
      1. Enfatizaba lo que su padre no había hecho ("ni siquiera un cabrito para mí")
      2. Olvidaba lo que su padre había hecho (v. 31): "Aquellos que tienen un alto concepto de sí mismos tienden a pensar fríamente de sus superiores y negativamente de sus bondades"
      3. En la casa del padre, olvidaba lo que el padre había hecho
   D. Amargura
      1. No fue directamente al padre (llamó a un criado, v. 26)

2. Criticó al padre ("¡He aquí!" v. 29)
   3. Se negaba a entrar a la fiesta
   4. Rechazaba a su hermano ("este tu hijo", v. 30)
   5. Calumniaba a su hermano ("ha consumido tus bienes", v. 30)
  E. Fariseísmo
   1. Se vio a sí mismo como mejor que su hermano
   2. Exageró su propia contribución ("tantos años te sirvo" v. 29)
   3. Exageró su propio carácter ("no habiéndote desobedecido jamás" v. 29)
  F. Falta de perdón
   1. No perdonaba a su hermano aunque este no había pecado contra él
   2. Cuestionó el perdón del padre
   3. No quiso aceptar a quien el padre aceptó
  G. Mentalidad de juez
   1. Exageraba las faltas del hermano ("rameras" v. 30)
   2. Minimizaba sus propias faltas
   3. Cuestionó el juicio del padre (no entendió el motivo de la fiesta: no era para premiar al hijo pródigo, sino para celebrar el gozo del padre)

III. El hermano mayor puesto a la luz: ¿Por qué aparece la historia aquí?
  A. Para el beneficio de los fariseos
   1. No se identificaban con el pródigo
   2. Se consideraban como hijos que jamás se habían apartado del Padre
   3. Cristo les mostró su verdadero carácter
  B. Para mostrarnos la variedad del pecado
   1. El pecado es todo aquello que nos aleja del Padre
   2. También hay pecados de espíritu y de actitud
   3. Cualquier otra visión del pecado es inadecuada
  C. Para que examinemos nuestra vida
   1. Enfatizamos los pecados del hijo pródigo (hacer o no hacer ciertas cosas)
   2. Descuidamos los pecados del hermano mayor (ser o no ser de tal manera)

Conclusión:
El hermano mayor se dedicaba a la ley y al servicio de su padre, pero no compartía el corazón de su padre. ¿En cuántas cosas te pareces al hermano mayor? Los jóvenes enfrentan las mismas tendencias. ¿Eres culpable de los pecados del espíritu? Mejor dicho: ¿de cuáles pecados del espíritu eres culpable?

LOS EFECTOS DEL PECADO
Lucas 15:11–19

Introducción:
Solía bromear sobre el coche de un amigo: tenía pecados de omisión, comisión y transmisión. El pecado no es una broma, especialmente a la luz de sus efectos en nuestra vida.

I. **La naturaleza del pecado**
    A. Definido: falta de conformidad con o transgresión de la ley de Dios
    B. Incluye tres aspectos
       1. Cosas que hacemos y que no deberíamos
       2. Cosas que no hacemos y que deberíamos
       3. Intenciones, deseos, pensamientos y actitudes (éstas raramente se mencionan)

II. **Los efectos del pecado**
    A. Separa
       1. En el hijo pródigo, provocó su marcha
       2. Se encontraba fuera del hogar de su padre
       3. El pecado siempre provoca separación entre el hijo y el padre
    B. Provoca distanciamiento
       1. Visto a lo lejos ("una provincia apartada")
       2. Visto en el conflicto con su hermano
       3. El pecado siempre provoca distanciamiento, creando conflictos y división
    C. Derrocha
       1. Mostrado al despilfarrar su herencia (al menos, solo era su parte)
       2. Lo hizo viviendo "perdidamente"

       3. El pecado siempre despilfarra lo que poseemos
  D. Agota
       1. Es fácil reconocer una espiral hacia abajo
       2. Acabó agotado física y emocionalmente (es sorprendente que le quedaba suficiente luz como para darse cuenta de que tenía que volver)
       3. De una manera u otra, el pecado siempre desgasta
  E. Debilita
       1. Era necesario que él volviera en sí (v. 17) para volver a casa
       2. La implicación es que estaba fuera de sí
       3. El pecado siempre afecta la mente (esto explica la conducta inverosímil de algunos)
  F. Arruina
       1. Gastó hasta que no le quedó nada
       2. Acabó sin nada
       3. El pecado siempre quita (aunque aparenta dar)
  G. Humilla
       1. Acabó como esclavo de los cerdos
       2. No sólo se encontraba despojado de todo, sino también humillado
       3. Al final, el pecado siempre provoca humillación

III. El tratamiento del pecado
  A. Todo pecado es contra Dios
       1. El pecado contra otras personas es, en primer lugar, un pecado contra Dios
       2. David muestra esta verdad claramente (Sal. 51:4)
  B. Dado que el pecado es contra Dios, solo Dios puede tratar con el pecado
  C. Dios ha provisto la única manera de tratar con el pecado
       1. Él dio a su Hijo para morir por el pecado
       2. Solo la confesión trae perdón

Conclusión:

Algunas enfermedades son fáciles de curar, pero otras son incurables. El pecado es una enfermedad extraña. Solo hay una manera de curarlo: confesión y renuncia. Este camino no es fácil, pero no hay otra forma de curarlo.

DE VUELTA A CASA
Lucas 15:17-24

Introducción:

Hay quienes dicen que no puedes volver a casa. Aunque es difícil, sí podemos hacerlo, al menos con Dios. El hijo pródigo dejó su hogar, hizo de su vida un desastre y tocó fondo. Aún así, fue capaz de volver a casa. Muchos necesitan volver a la casa del Padre desde diferentes lugares lejanos. Tal vez seas uno de ellos, y el hijo pródigo puede mostrarte el camino.

I. Él volvió en sí
   A. Había estado "fuera de sí"
   B. Llegó al punto en el que fue capaz de enfrentarse a sí mismo

II. Vio su condición real
   A. Entendió su situación precaria (v. 17)
   B. Reconoció el alcance del declive (los jornaleros de su padre estaban mejor que él)
   C. Vio la causa de su condición: él y su pecado

III. Reconoció su pecado
   A. Dijo las palabras más difíciles, pero también las más cruciales: "He pecado"
   B. No hizo ningún intento de cubrir dicho pecado
      1. No culpó a nadie más, sino a sí mismo
      2. No intentó dar explicaciones
      3. No intentó quitarle importancia

IV. Identificó aquellos contra los cuales había pecado
   A. Tuvo en cuenta el orden correcto
      1. Primero, vio el pecado contra Dios
      2. Además, vio el pecado como algo que afectaba a otras personas
   B. El concepto del perdón siempre implica tal orden
      1. Para llamarse pecado, primero ha de ser contra Dios
      2. El pecado siempre afecta a otras personas, incluso aquellos pecados llamados secretos o personales

V. Aceptó su pecado
   A. Comenzó por admitirlo a sí mismo
   B. Lo admitió a su Dios
   C. Lo admitió a su padre

VI. Decidió volver al padre
   A. Tomó una decisión voluntaria en relación a su condición
   B. Nuestras circunstancias no cambian hasta que tomamos una decisión voluntaria
   C. Sabía dónde se encontraba su solución y su salvación

VII. De hecho, al final volvió al padre
   A. Fue más allá de una mera decisión voluntaria
   B. De hecho, se puso en marcha
   C. Cumplió con el deseo de volver y el compromiso respecto a su conducta una vez allí
      1. No permitió que el espíritu perdonador de su padre le impidiera admitir su pecado
      2. Expresó cómo se veía a sí mismo

Conclusión:

El pecado es un gran problema en el mundo moderno. Un problema enorme entre los cristianos, especialmente entre los jóvenes. El pecado causa gran parte de los problemas de la vida. El hijo pródigo muestra la manera de tratar con el pecado. El hijo pródigo volvió a casa y recibió una bienvenida del padre. Puedes volver a casa para recibir la misma bienvenida.

PERDÓN PATERNO

Lucas 15:11-24

Introducción:

Cierra los ojos y piensa en Dios. ¿Qué ves? El concepto de cada uno es algo diferente, pero en la mayoría de los casos, es impreciso. La Biblia presenta una imagen bien clara. Uno puede obtener enseñanzas de la parábola del hijo pródigo.

I. El padre miraba y esperaba
   A. Dios suele dar libertad de acción como este padre

1. Suele permitirnos seguir nuestro curso
   2. Raramente interfiere con nuestra libertad
   B. Dios siempre está atento
   1. Sabe lo que estamos haciendo y nos cuida
   2. Espera nuestro regreso

II. El padre tenía compasión
   A. Entendía que su vida estaba ligada a la del hijo pródigo
   1. Entendía que su corazón estaba ligado al del hijo pródigo
   2. Compasión: sentir el dolor de alguien
   B. Faceta de la misericordia de Dios
   1. Se solidariza con el dolor de la humanidad
   2. Su corazón está ligado a la humanidad (por tanto, detiene lo que la humanidad merece)

III. El padre le encontró a medio camino
   A. El padre tomó algunos pasos
   1. Estaba fuera, buscándole
   2. "Corrió" para encontrarle
   B. Dios está siempre ansioso de que volvamos a casa
   1. Nos encuentra a medio camino, en el sentido que nos facilita el regreso
   2. El Espíritu Santo nos busca constantemente mientras estamos lejos

IV. El padre le mostró su amor
   A. El padre le ofreció muchas muestras de su amor
   1. Un beso y un abrazo
   2. Un vestido, un anillo y calzado
   3. Un becerro gordo y una fiesta
   B. Dios muestra su amor hacia aquellos que vuelven a casa
   1. Pleno perdón
   2. Gozo duradero
   3. Relación asegurada

V. El padre aceptó su confesión
   A. Confesión verdadera: estar de acuerdo con el Padre acerca del pecado
   1. A pesar de las acciones del padre, el hijo confesó

2. Volver a casa implica una confesión verdadera
   B. Dios siempre está dispuesto a aceptar la confesión (1 Jn. 1:9)
      1. La confesión incluye una renuncia
      2. La confesión es todo lo que se necesita

VI. El padre le restauró a la comunión
   A. El padre hizo restauración
      1. Era inmediato
      2. Era completo
   B. Dios restaura aquellos que vuelven a casa
      1. Siempre restaura inmediatamente a una comunión plena
      2. Puede que no sea posible la restauración a una función plena

VII. El padre se regocijó en su regreso
   A. El padre se regocijó en gran manera con su regreso
      1. El único propósito de la celebración
      2. Se ve en su declaración
   B. Dios siempre se regocija con el regreso de un ser humano
      1. Gozo en el cielo por un pecador que se arrepiente (Lc. 15:7)
      2. Dios no se deleita en la muerte del malvado

Conclusión:

El hijo dejó el hogar; el padre nunca lo hizo. Si estás lejos del Señor, eres tú el que se ha apartado. El padre estaba encantado de que el hijo volviera a casa. Al Señor le agradaría tenerte otra vez en comunión. El hijo encontró al padre con los brazos abiertos y totalmente dispuesto a perdonar. Encontrarás al Señor con los brazos abiertos y dispuesto a recibirte si vienes a Él. ¡No hay nada como el perdón divino!

CÓMO AFRONTAR LA TENTACIÓN
Santiago 1:13-18

Introducción:

Todos somos tentados con frecuencia. Tal tentación no es

pecado, aunque a menudo conduce al pecado. Miremos unos consejos para ayudarnos a no caer.

I. ¡Deja de poner excusas! (v. 13)
  A. El claro concepto de la responsabilidad personal
  B. Antes de la tentación, nos justificamos
  C. Después de la tentación, culpamos a otros

II. ¡Cuidado con el anzuelo! (v. 14)
  A. El mecanismo de la tentación
    1. La atracción del pecado
    2. La seducción del pecado
    3. La decisión de pecar
    4. El acto final de desobediencia
  B. ¡El cebo impide que veamos las consecuencias!

III. ¡Mantente fuera del cementerio! (v. 15)
  A. Cada vez que pecamos, algo muere
  B. No existen los pecadillos inocentes

IV. ¡Espera los mejores regalos! (vv. 16–17)
  A. Has de entender la perfección de las dádivas de Dios
    1. ¿Cuáles?
    2. ¿Cuándo?
    3. ¿Cómo?
  B. La tentación surge cuando tienes impaciencia con las dádivas de Dios

V. ¡Vive una vida ejemplar! (v. 18)
  A. El nacimiento espiritual nos invita a una vida ejemplar
  B. Lucha por tener un alto nivel de consagración

Conclusión:
Todos somos tentados, especialmente los jóvenes. La tentación se puede vencer. Santiago sugiere la respuesta.

LECCIONES SOBRE LA LENGUA
Santiago 3:1-12

Introducción:
¿Tu lengua te ocasiona problemas? ¡Bienvenido al club! Todos

tenemos el mismo problema, pero la Biblia nos proporciona instrucción.

I. El poder de la lengua: Potencial positivo ilimitado (vv. 3-4)
   A. Ilustraciones
      1. El freno del caballo
      2. El timón
   B. Un poder increíble que se ha de controlar y vencer
   C. Retos de la vida
      1. Desarrolla tus capacidades de edificación (Ef. 4:29)
      2. Sea tu palabra siempre con gracia (Col. 4:6)
      3. Presenta defensa con mansedumbre y reverencia (1 P. 3:15)

II. Advertencias sobre la lengua: Armas de destrucción masiva (vv. 5-8)
   A. Ilustraciones
      1. Incendios forestales
      2. Animales salvajes
      3. Veneno mortal
   B. Una fuerza mortal (Stg. 3:6)
      1. La lengua participa de todo lo malo en nuestro mundo
      2. Es un intruso activo en la vida, alcanzando cada área
      3. Una herramienta increíble de Satanás
   C. Retos de la vida
      1. No te dejes llevar por la corriente de los chismes (Pr. 20:19)
      2. Desecha la mentira implacablemente (Ef. 4:25)
      3. Huye de la escoria moral (Ef. 5:4)

III. El peligro de la lengua: De una misma boca proceden bendición y maldición (vv. 9-12)
   A. Ilustraciones
      1. Fuente de agua dulce
      2. Árboles frutales
   B. "Iglesia, ¡tenemos un problema!" (Stg. 3:10)
   C. Retos de la vida
      1. Analiza si eres un hipócrita con la lengua
      2. Reconoce tus elecciones diarias

Conclusión:
¡La lengua nos pone en aprietos! La Biblia habla mucho acerca de la lengua. La Biblia proporciona respuestas al problema de la lengua.

¡VIGILA TU ESPÍRITU!
Proverbios 18:14

Introducción:
Muchos jóvenes sufren de un espíritu herido, pero muchos espíritus heridos no deberían estarlo.

I. ¿Qué es un espíritu herido?
   A. Las señales de un espíritu sano
      1. La conciencia de andar rectamente a los ojos de Dios
      2. La sensación de que inevitablemente la verdad triunfará
      3. Inamovible confianza en Dios
      4. Esperanza en un futuro más brillante
   B. Las características de un espíritu herido
      1. Una herida interna
      2. Daños evidentes en las actitudes

II. ¿Cuál es el daño que afecta el espíritu herido?
   A. La obra que hace el espíritu de cada uno
      1. Apoya nuestra determinación física y mental
      2. Nos mantiene en marcha, a pesar de las dificultades más grandes
   B. ¿Está herido el espíritu? Está perdido el apoyo necesario

III. ¿Cómo se hiere el espíritu?
   A. Ofensas
   B. Disgustos
   C. Crueldad
   D. Indiferencia
   E. Ingratitud
   F. Acusaciones falsas
   G. Culpabilidad

IV. ¿Cómo se evita y se sana un espíritu herido?
   A. Una visión correcta de uno mismo (en realidad no eres tan maravilloso)
   B. Una visión correcta de Dios y de su obra
   C. Una relación correcta con el Señor
   D. Un tratamiento correcto de los problemas
   E. Unas expectativas correctas

Conclusión:

Un espíritu herido es una carga pesada y, en cambio, hace que las cargas de la vida sean difíciles de sobrellevar. Esto, pues, nos lleva a responder de una manera inapropiada. No obstante, tener un espíritu herido ¡es una decisión personal!

EJEMPLOS DE AMISTAD: AMÓN Y JONADAB
2 Samuel 13

Introducción:

¿Existe un asunto más importante en la vida de los jóvenes que los amigos? Esta es la historia de un falso amigo y los daños que esto puede acarrear.

I. Nunca menosprecies el potencial negativo de un amigo
   A. Los amigos son una fuente peligrosa de engaño
   B. Pruebas preventivas: ¿qué características tiene tu amigo o amiga?
      1. ¿Reputación positiva?
      2. ¿Influencia positiva?
      3. ¿Energía positiva?

II. Mantén siempre un nivel de excelencia moral en cada relación
   A. Una excelencia moral en la conversación
   B. Una excelencia moral en la conducta

III. Cuidado con las personas que distorsionan y saltan las reglas
   A. Que muestran ligereza respecto a la verdad
   B. Que muestran crueldad con las personas

IV. Desarrolla el discernimiento sobre las personas
   A. Ve más allá del tipo de personalidad
   B. Ve más allá del especialista en halagos
   C. Ve más allá del zalamero manipulador

V. Reconoce el carácter de las personas falsas
   A. El problema básico: un carácter egoísta y protector de sí mismo
   B. Una práctica común: sin excepciones

VI. La prueba definitiva de la amistad: Disposición de confrontar al otro
   A. El objetivo: restauración con espíritu de mansedumbre (Gá. 6:1)
   B. El obstáculo: orgullo personal

Conclusión:
Toma tiempo para examinar tus amistades. ¿Son "verdaderas" o "falsas"? ¿Qué necesitas hacer al respecto?

EJEMPLOS DE AMISTAD: JONATÁN
1 Samuel 18

Introducción:
Piensas mucho sobre los amigos y tienes el hábito de analizarlos. ¿Has pensado un poco en la clase de amigo o amiga que eres tú?

I. Sé un amigo enviado por Dios (18:1-3)
   A. Dios sabía que David necesitaba un amigo
   B. Intenta ser una bendición

II. Sé un amigo que lo da todo (18:4)
   A. Jonatán renunció a sus posesiones
   B. Jonatán renunció a su posición (podría haberse convertido en rey)
   C. No hay lugar en la amistad para pequeñeces o celos

III. Sé un amigo capaz de soportar la presión (19:1-3)
   A. El mundo está lleno de personas que son amigos cuando las cosas van bien

    B. No desaparezcas en los momentos difíciles

IV. Sé un amigo que no se calla las cosas (19:4-5)
   A. Defiende siempre a tus amigos
   B. No hables nunca a sus espaldas

V. Sé un amigo tal como eres (20:41)
   A. Permite a otros la libertad de ser ellos mismos
   B. No esperes de otros lo que tú no quieras dar

VI. Sé un amigo que anima (23:15-16)
   A. Busca ser una fuente constante de ánimo
   B. Sé sensible a las necesidades especiales

VII. Sé un amigo para toda la vida
   A. Los amigos realmente son para siempre
   B. ¿Has olvidado o descuidado a los amigos?

Conclusión:
Una cosa es tener grandes amigos. Algo bien distinto es ser un gran amigo. ¿Qué clase de amigo eres?

CINCO ENFOQUES PARA LA AMISTAD
Proverbios 27

Introducción:
¿Para qué sirven los amigos? Salomón dice que la amistad es algo bueno y destaca las bendiciones de la amistad en este capítulo.

I. Confrontación (v. 6)
   A. Nuestro propósito en la amistad: bienestar final
   B. Nuestro mensaje: verdad en amor
   C. Nuestra manera de ser: dulzura

II. Ánimo (v. 9)
   A. Sé una persona que muestra compasión
   B. Sé una persona que guarda los secretos
   C. Sé una persona que da ánimos

III. Perseverancia (v. 10)
   A. Un amigo verdadero supera la prueba del tiempo

B. Un amigo verdadero supera todo el tiempo de la prueba

IV. Desinterés (v. 14)
   A. Una advertencia acerca de la falta de sinceridad
   B. Una advertencia acerca de la desconsideración

V. Reto (v. 17)
   A. Un reto para nuestra comodidad
   B. Un reto para nuestro deseo de conquista
   C. Una reto para nuestras conversaciones

Conclusión:

¿Tienen tus amigos esas cualidades? ¡Quizá necesitas unos nuevos! ¿Tienes tú esas cualidades? ¡Quizá tus amigos necesitan un nuevo amigo!

AMISTAD CON EL MUNDO

Santiago 4:4

Introducción:

Los predicadores y los líderes de jóvenes siempre están hablando de la mundanalidad. La Biblia también habla mucho del tema.

I. Los detalles
   A. Se refiere a nuestra actitud: condición del corazón
   B. No condena estar en el mundo, sino enamorarse del mundo
   C. Dejarse llevar por intereses comunes
      1. Posesiones
      2. Placer
      3. Popularidad

II. La seriedad
   A. La descripción: adulterio espiritual
   B. El peligro: un pie en las cosas del Señor y otro en el mundo
   C. El fin: enemigo de Dios

III. La sutileza, ejemplo: La vida de Lot (Gn. 13; 19)
   A. Un enfoque materialista (13:10)

    Lección: Nunca pierdas de vista la eternidad
B. Separación del sistema de apoyo (13:11)
   Lección: Valora las personas de influencia
C. Cambio en la dirección de la vida (13:12)
   Lección: Examina tus metas y valores
D. Aceptación gradual en la cultura (19:1)
   Lección: Mantén tus distinciones y distintivos
E. Pérdida total de influencia (19:14)
   Lección: Desarrolla el propósito de tu vida

Conclusión:
La vida de Lot ofrece muchas lecciones sobre la mundanalidad. ¿Has aprendido o estás aprendiendo esas cosas?

TENTAR A LA SUERTE
Proverbios 29:1

Introducción:
"Obstinado como un buey". Es una buena descripción del buey. También es una buena descripción de muchas personas, especialmente muchos jóvenes cristianos. Salomón trata el tema.

I. Reprobación: "El hombre que reprendido…"
   A. "Un hombre de repetidas reproches": uno con una larga experiencia de recibir reproches y advertencias
   B. La fuente de los reproches
      1. Advertencias de la Palabra de Dios
      2. Advertencias dadas mediante las predicaciones
      3. Consejos y asesoramiento de los amigos
      4. Problemas en el camino de la vida
      5. Punzadas de conciencia
      6. Bendiciones que vienen "a pesar de..."
   C. "Puede que pequemos por no escuchar, pero no será por falta de avisos"
   D. Rechazar el reproche no es indicativo de que éste sea débil o ineficaz

II. Respuesta: "endurece la cerviz…"
   A. Se vuelve incorregible como un buey obstinado (característica de una firme determinación)

- B. ¿Cómo "endurece la cerviz" una persona?
  1. Furia en lugar de arrepentimiento
  2. Énfasis en los métodos y los detalles
  3. Autovindicación
  4. Hacer excusas o culpar a otros
  5. Dejar las cosas para más tarde
- C. ¿Por qué "endurece la cerviz" una persona?
  1. No quiere escuchar el consejo
  2. No quiere recibir el consejo
  3. No quiere actuar en consecuencia
- D. Una cerviz endurecida está relacionada con un corazón duro: Dios no destruye nuestra voluntad para cambiar nuestra conducta porque solamente se deleita en una obediencia voluntaria.

III. Retribución: "de repente será quebrantado y no habrá para él medicina"

- A. Las características de la destrucción
  1. Es repentina: sin advertencia (nadie sabe cuándo se agota la paciencia de Dios)
  2. Es irreversible: no hay remedio
  3. Es sin excusa: en el análisis final, no es culpa de nadie más, sino de uno mismo
- B. El resultado de la destrucción
  1. A veces, produce la muerte: el hijo de Faraón
  2. A veces, produce cautividad: Israel
  3. A veces, produce pérdida: David
  4. A veces, produce sentencia: un mal matrimonio
- C. No es por falta de advertencia, sino porque ésta no fue atendida

Conclusión:

Este versículo nos habla a todos, pero especialmente a los jóvenes. ¿Acerca de qué te está reprendiendo Dios? ¿Qué sale continuamente en los sermones? ¿Qué ves continuamente en la Palabra de Dios? ¿Qué te hace enfadar? ¿Sobre qué has edificado una defensa? ¿Qué justificas? ¿De qué te ha hablado alguien? ¿Qué vas a hacer al respecto?

¿QUÉ SIGNIFICA SEGUIR A CRISTO?

Introducción:
A menudo se reta a los jóvenes a seguir a Cristo. ¿Qué significa eso? Puede significar más de lo que piensas.

I. Un cambio radical (Mt. 4:18-22)
   A. En realidad, ¿qué había cambiado?
      1. Su dependencia
      2. Sus prioridades (de peces a hombres)
      3. Su enfoque
   B. El Señor no quería sus redes; quería su vida

II. Un coste elevado (Lc. 9:57-62; 14:25-35; 18:18-22)
   A. El coste de ser discípulo
      1. Tu seguridad
      2. Tu tiempo
      3. Tu comodidad
      4. Tú mismo
   B. El Señor quería que se rindieran y se entregaran a Él

III. Confianza absoluta (Jn. 10:27-31)
   A. ¿Por qué podemos confiar?
      1. Dios nos conoce
      2. Dios va delante nuestro
      3. Dios nos protege
      4. Dios nos provee
   B. Él quiere que seamos ovejas, y que le dejemos ser nuestro pastor

IV. Compromiso total (Mr. 8:34-38)
   A. ¿Qué implica?
      1. Seguirle estrechamente
      2. Seguirle constantemente
      3. Seguirle en la cruz
      4. Seguirle en lo espiritual
   B. Él no quiere que seamos meros observadores
   C. Él quiere que seamos seguidores

Conclusión:
Sí, los jóvenes pueden ser "seguidores de Cristo en el mundo". Y no es tan difícil como en ocasiones parece.

EDIFICAR UNA VIDA DE INFLUENCIA
Éxodo 2:15—3:10

Introducción:
Moisés estudió en la "universidad del desierto". Nunca olvides: una vida de influencia para Dios requiere un gran proceso de preparación. He aquí algunas lecciones cruciales que aprender de la vida de Moisés.

I. Busca ser un siervo en cada situación de la vida (2:15-20)
   A. El primer paso hacia la influencia es la humildad
   B. Nunca debes considerarte demasiado para ser un siervo

II. Aprende a contentarte donde Dios te haya colocado (2:21)
   A. Incluso en circunstancias difíciles
   B. Incluso en circunstancias oscuras

III. Nunca abandones tu sueño de hacer algo grande para Dios (2:22)
   A. Dios te ha creado para aportar algo al cuerpo de Cristo, es decir, a su Iglesia
   B. Dios te ha creado para aportar algo al reino de Dios

IV. Céntrate en tener paciencia durante el proceso de preparación que Dios tiene para ti (2:23—3:1)
   A. El proceso de Dios siempre implica un momento perfecto
   B. El proceso de Dios siempre implica un lugar perfecto
   C. El proceso de Dios siempre implica unas circunstancias perfectas

V. Vive con una sensibilidad constante a la guía del Señor (3:2-10)
   A. Un día típico con un acontecimiento extraordinario

B. Guía sobre el propósito de tu vida
   C. Guía sobre tus oportunidades diarias

Conclusión:
¿Eres simplemente un joven? ¿De verdad? Pues, bien, hay otros jóvenes (y quizás algunos adultos) que te están mirando. ¿Estás edificando una vida de influencia?

¿QUÉ DIJO JESÚS DEL CRISTIANISMO SUPERFICIAL?
Lucas 9:57-62

Introducción:
Muchos adolescentes parecen seguir la corriente de la sociedad en que viven. Jesús no parecía tener mucha paciencia con tales personas. He aquí lo que enseñó sobre el cristianismo de entrega total.

I. Ejemplo nº 1: "Poner tu casa en venta" (vv. 57-58)
   A. La persona real: un escriba dispuesto
   B. El tema real: un cristianismo de comodidad
   C. Un ejemplo real: el alojamiento de Jesús
   D. El reto real
      1. Vivir con una motivación correcta
      2. Vivir distanciado de lo material

II. Ejemplo nº 2: "Olvidarte del funeral de tu padre" (vv. 59-60)
   A. La persona real: un discípulo reclutado que quería quedarse en casa hasta que su padre muriera
   B. El tema real: un cristianismo con un corazón superficial
   C. Un ejemplo real: la familia de Jesús (8:19-21)
   D. El reto real
      1. Vivir con una devoción personal profunda
      2. Vivir con un sentido de la urgencia del reino de Dios

III. Ejemplo nº 3: "No decir adiós a tu familia" (vv. 61-62)
   A. La persona real: un voluntario anónimo
   B. El tema real: un cristianismo no muy centrado
   C. Un ejemplo real: la determinación de Jesús (v. 51)
   D. El reto real
      1. Vivir sin ser indeciso ni dejar las cosas para más tarde
      2. Vivir sin mirar hacia atrás

IV. La prueba del cristianismo superficial
   A. ¿Estás dispuesto a renunciar a todo, poner a Cristo delante de todo y seguirle inmediata e indefinidamente?
   B. ¿Estás viviendo según tu compromiso?

Conclusión:

Lo has oído antes, sin embargo es verdad: si el cristianismo fuera un delito, ¿habría suficiente evidencia para denunciarte?

CUANDO UN DON NADIE SE CONVIRTIÓ EN ALGUIEN
Éxodo 2:11-15

Introducción:

Todo el mundo quiere ser alguien. Pero los fallos y las malas decisiones pueden convertir a alguien en un don nadie. Mira a Moisés

I. Los antecedentes
   A. El reto de la vida de Moisés: ser el líder más grande en el Antiguo Testamento
   B. El contexto de la vida de Moisés: la opresión de Egipto
   C. Resumen de la vida de Moisés:
      1. Cuarenta años pensando que era alguien
      2. Cuarenta años aprendiendo que no era nadie
      3. Cuarenta años descubriendo cómo Dios puede cambiar a un "don nadie" en alguien (Hch. 7:22, 30, 36)

II. El obstáculo del fracaso (Éx. 2:11-15)
   A. Los fracasos nunca son una excusa para abandonar
   B. Los fracasos son herramientas que Dios puede utilizar para moldearnos
   C. Los fracasos no son algo inevitable

III. Cinco lecciones aprendidas del fracaso de Moisés
   A. Vivía en base a sus emociones en vez de sus propósitos (Éx. 2:11)
      1. Lleva a malas decisiones o a reacciones exageradas
      2. Lleva a una vida inestable
   B. Vivía con los ojos puestos en su entorno, en vez de en Dios (Éx. 2:12)
      1. Buscaba la aprobación de los hombres, en vez de la aprobación de Dios
      2. Buscaba el éxito terrenal antes del éxito eterno
   C. Vivía según la carne, en vez de según el Espíritu (Hch. 7:22)
      1. El peligro de vivir con nuestras propias fuerzas
      2. La tentación de permitir que nos dominen los malos hábitos
   D. Vivía con impaciencia, en vez de según el calendario de Dios (Hch. 7:25)
      1. Perseguía la causa correcta en el momento equivocado
      2. Un concepto increíblemente difícil: esperar
   E. Vivía encubriendo su pecado, en vez de confesarlo (Éx. 2:12-15)
      1. ¿A quién estás culpando por tus propios errores?
      2. ¿Qué estás enterrando en la arena?

Conclusión:

Puedes ser alguien en vez de un "don nadie". El único fracaso verdadero es cuando el fracaso nos impide intentar algo de nuevo. Aprende de Moisés cómo un "don nadie" puede convertirse en alguien.

¡ESCOGE PERDONAR!
Mateo 18:21-35

Introducción:
Las heridas de los jóvenes son reales y dolorosas. A veces los jóvenes son como los mayores, tienen problemas en perdonar. Jesús tenía algo que decir sobre esto y explica las razones para perdonar.

I. Para saldar las cuentas
   A. Apaga la cámara lenta
   B. Cambia el enfoque del pasado al futuro
   C. Te saca de la lista de víctimas
   D. Te trae libertad

II. Para recuperar el control de la situación
   A. El perdón significa aceptar el resultado del pecado
   B. El perdón es cosa de uno
   C. El perdón restablece tu valor como persona
   D. El perdón es el camino del crecimiento personal

III. Para demostrar gratitud
   A. Me recuerda cuánto he sido perdonado
   B. Me recuerda mi propia ineptitud
   C. Me recuerda ser dulce, paciente y amable

IV. Para incluir a Dios en el asunto
   A. Es Aquel que ajusta todas las cuentas
   B. Dios espera que yo perdone
   C. El perdón es un acto de fe

V. Para disfrutar de una vida mejor
   A. El perdón es para tu beneficio
   B. El perdón es la base de las relaciones sanas
   C. El perdón te ayuda a superar las pequeñeces de la vida
   D. El perdón no es una acción sino un estilo de vida

Conclusión:
El camino para convertirse en un viejo amargado es ser un joven amargado. No puedes guardar amargura y perdonar al mismo tiempo. ¿Qué opción escogerás?

¿SE VE TU AUTENTICIDAD?
Santiago 4:1-12

Introducción:
Los jóvenes suelen tener facilidad a la hora de detectar autenticidad. Lamentablemente, tienen mayor facilidad para ver la hipocresía de otros antes que la propia. Echa una mirada a tu propia autenticidad.

I. ¿Funciona tu vida cristiana de verdad? (vv. 1-3)
   A. La imagen de un seguidor de Cristo disfuncional
      1. Desacuerdo en la iglesia
      2. Discordia en el corazón
      3. Insatisfacción en la vida
      4. Desilusión en la oración
   B. Una imagen desagradable

II. El diagnóstico: Un problema del corazón (vv. 4-6)
   A. Intentar vivir una doble vida
   B. Intentar vivir "con un pie en cada lado"
   C. No puedes ser amigo de Dios y amigo del mundo
   D. La imagen de un amigo del mundo (1 Jn. 2:15-17)
      1. Tragar los valores del mundo
      2. Adoptar el entretenimiento del mundo
      3. Buscar la seguridad del mundo
   E. La imagen de un amigo de Dios
      1. Abraham: un hombre de fe y de obediencia (Stg. 2:23)
      2. Moisés: un hombre de comunicación íntima con Dios (Éx. 33:11)

III. La amistad con Dios: Seis pasos sencillos (vv. 7-12)
   A. Ríndete a Dios: renuncia a tu control
   B. Resiste al diablo: la disciplina del rechazo intencional
   C. Acércate a Dios: un esfuerzo constante en fortalecer la relación
   D. Límpiate y purifícate: compromiso externo e interno
   E. Arrepiéntete: quebrantamiento total del pecado
   F. Humíllate: date cuenta de tu propia incapacidad

Conclusión:
¿Eres auténtico o un farsante? No te preocupes de los demás; mírate en el espejo.

¡DECÍDETE!
Proverbios 23:7

Introducción:
Muchos adolescentes luchan con sus pensamientos. ¿Alguna vez has pensado en tus pensamientos? No hay nada en tu vida más influyente que la manera en que piensas.

I. Nuestros pensamientos nos definen (Pr. 23:7)
   A. Explicar el contexto aquí
      1. Las apariencias externas no son determinantes
      2. Surge una gran afirmación verdadera
   B. Significado básico: eres lo que piensas (tus pensamientos determinan la persona que eres)
   C. Este hecho nos distingue de los animales (cualquier proceso mental de los animales es extremadamente limitado)

II. Puedes controlar los pensamientos (Ro. 12:2)
   A. Un elemento esencial en la conversión es un cambio de mente o de forma de pensar
      1. Intrínseco en el concepto de "arrepentimiento"
      2. La gente que nunca se desarrolla en lo espiritual, aparentemente nunca desarrolla esa nueva "mentalidad"
   B. La segunda mentira más gorda que Satanás haya dicho: "No lo puedes remediar"
   C. Nuestro desarrollo espiritual está ligado al cambio que conseguimos en nuestros pensamientos como resultado de la conversión

III. Debes controlar tus pensamientos (2 Co. 10:5)
   Los resultados de no controlar los pensamientos
   A. Pensamiento erróneo (pensamientos que están en desacuerdo con la Palabra de Dios)
   B. Líneas de pensamiento erróneo (muchas personas

"locas" son meramente personas que se han dejado dominar por pensamientos erróneos)
- C. Un mal enfoque para la vida
  1. Con frecuencia implica sufrimiento personal
  2. Normalmente provoca unas dificultades crecientes
- D. Los pecados del espíritu
  1. Cada pecado del espíritu es un pecado de pensamiento
  2. Si pensáramos bíblicamente, nunca cometeríamos los pecados del espíritu
- E. Los pecados de la carne
  1. Cada pecado de la carne es el resultado de pensamientos equivocados
  2. O de actuar sin pensar

IV. Hay ayuda para controlar tus pensamientos (Fil. 3:12; 4:8)
- A. El Espíritu Santo habita en nosotros y nos ayuda en nuestros pensamientos cuando le dejamos hacerlo
- B. Se nos da una lista muy concreta; obedecer en ese punto no daría lugar al:
  1. Desarrollo de malas actitudes hacia la vida
  2. Deleite en los pecados del espíritu
  3. Placer en los pecados de la carne
- C. Siempre tenemos los medios de probar nuestro pensamiento (He. 4:12)
  1. Cuanto más conozcamos la Biblia, más influirá en nuestros pensamientos
  2. Cuanto más se convierta la Biblia en parte de nuestra vida, más podremos controlar nuestros pensamientos

Conclusión:

Suena muy difícil, ¿verdad? Significa que soy responsable de lo que pienso y de todos los resultados de mis pensamientos, y no puedo culpar a nadie por mis pensamientos equivocados y sus consecuencias.

En realidad, es el concepto más liberador posible. No tengo que sufrir. Puedo dejar a otras personas en manos del Señor, para que se ocupe de ellos. Y puedo seguir con mi propia vida y pecar mucho menos.

¿Tomarás control de tu mente? ¿O seguirás permitiendo que el diablo tenga rienda suelta en ella?

ERRORES EN MEDIO DE LA TORMENTA
Marcos 6:45-52

Introducción:
Algunas de las mejores lecciones en la Biblia se basan en lo que no hacer en algunas situaciones. Los discípulos nos muestran lo que no hay que hacer durante una tormenta. Las tormentas nos asedian, especialmente en la vida de los jóvenes.

I. **Error 1: Pensaban que Jesús desconocía su necesidad**
   A. Ellos hacían lo que Él les había dicho
   B. Él no estaba con ellos
   C. Él vio su situación

II. **Error 2: Pensaban que su problema era peor de lo que era**
   A. No estuvieron en ningún peligro
   B. Estuvieron enormemente frustrados
   C. Se centraron en sus circunstancias

III. **Error 3: Confundieron la solución con el problema**
   A. Estaban asustados por su venida
   B. Su venida era la solución
   C. Confundieron la solución con la situación

IV. **Error 4: Vieron empeorar el problema al no darse cuenta del poder que tenía el Señor Jesús**
   A. Su entendimiento era inadecuado
   B. Su enseñanza era limitada
   C. Dependieron de sus propias fuerzas

V. **Error 5: Vieron empeorar el problema al olvidar los milagros pasados**
   A. Habían visto muchas maravillas
   B. Habían visto una poderosa demostración de su poder
   C. Habían cometido algunos errores mentales

Conclusión:
"Oh Dios, el mar es tan grande y mi barca tan pequeña". No hagas tu problema peor al olvidar algunas lecciones cruciales que los discípulos tuvieron que aprender.

CARÁCTER CRISTIANO: EN CONSTRUCCIÓN
Mateo 4:1-11

Introducción:
¿Cómo es tu carácter cristiano? Una de las principales quejas de los jóvenes de hoy tiene que ver con su falta de carácter cristiano. He aquí un poco de ayuda sobre cómo desarrollar un carácter cristiano.

I. El concepto equivocado
   A. Afirmación: la oración es la respuesta a todo
   B. Corrección: la oración no es la herramienta principal de la transformación del carácter

II. El método
   A. La herramienta principal de la transformación del carácter: la Palabra de Dios (Jn. 8:32)
   B. Debemos contrarrestar las mentiras específicas de la tentación con la verdad específica de las Escrituras

III. El modelo: Cómo afrontó Cristo la tentación (Mt. 4:1-11)
   A. La mentira de Satanás: tienes derecho a satisfacer tus propias necesidades
   La verdad que Cristo utilizó para contrarrestar la mentira: la realización personal se halla en la obediencia
   B. La mentira de Satanás: tienes que mostrar que vales (actuar)
   La verdad que Cristo utilizó para contrarrestar la mentira: la obediencia es más importante que el reconocimiento
   C. La mentira de Satanás: puedes tomar el atajo; puedes ganar sin obediencia total
   La verdad que Cristo utilizó para contrarrestar la

mentira: nada ganado con una ruptura de la comunión con Dios vale la pena

IV. El mantenimiento: Cuatro pasos prácticos
   A. Conexión: tomar el tiempo para buscar versículos específicos sobre el tema en cuestión
   B. Internalización: memorizarlos y guardarlos en tu corazón (Sal. 119:11)
   C. Dominio: permitir que la Palabra gobierne tu vida (Sal. 119:9)
   D. Iniciación: comienza a la edad más temprana posible (2 Ti. 3:14-17)

Conclusión:
Una mente renovada produce una vida cambiada. La única manera de renovar la mente es mediante la exposición a las Escrituras.

APRESÚRATE

Introducción:
La mayoría de jóvenes tienen prisa. También fue así para algunos personajes bíblicos. Podemos aprender de ellos.

I. Abraham corrió para encontrarse con Dios (Gn. 18:1-2)
   A. La persona era el ángel del Señor (¿el Cristo preencarnado?)
   B. Abraham reconoció algo especial
   C. Nunca pierdas una oportunidad de estar en la presencia de Dios

II. El siervo de Isaac corrió para cumplir su palabra (Gn. 24:17)
   A. Había prometido hacer algo
   B. Lo vio como la oportunidad de cumplir con su obligación
   C. La palabra de un hombre es la medida de su valor.

III. Esaú corrió hacia la reconciliación (Gn. 33:1-4)
   A. Él y Jacob estuvieron distanciados
   B. Esaú vio la oportunidad de hacer las paces
   C. Las relaciones personales son de la máxima importancia

IV. Aarón corrió para cubrir los pecados del pueblo (Nm. 16:41-48)
   A. Estaba preocupado de que nadie más muriera
   B. Tenía la solución y sintió la responsabilidad
   C. Se requiere una gran prisa para alcanzar a otros

V. Los siervos de Josué corrieron para destapar el pecado (Jos. 7:22)
   A. Surgieron problemas en el pueblo a causa del pecado
   B. Siempre hay problemas donde hay pecado
   C. Tratar con el pecado es un asunto de máxima prioridad

VI. La esposa de Manoa corrió para compartir el mensaje de Dios (Jue. 13:10)
   A. Llevaban tiempo esperando más información
   B. Manoa no estaba presente, pero su esposa corrió para compartirla
   C. Somos responsables de compartir la Palabra de Dios con otros

VII. David corrió para responder al reto de Goliat (1 S. 17:41-48)
   A. Obviamente David no tenía miedo; si lo tuvo, al menos no lo manifestó
   B. La mejor manera de afrontar un reto: directa e inmediatamente
   C. Cuanto mayor sea el reto, mayor será la prisa

Conclusión:

Dios siempre pone grandes retos delante de nosotros. Tenemos que darnos prisa en afrontarlos. No es la prisa de apurarse, sino la prisa de la lucha, del entusiasmo, del esfuerzo, de la inversión y de la participación.

DESDE LA CONCEPCIÓN HASTA LA REALIZACIÓN

Gálatas 5:7

Introducción:

¿Se te ha ocurrido alguna vez pensar que ya sabes bastante? ¿Se te ha ocurrido alguna vez pensar cuánto de lo que sabes has puesto en práctica? Alguien ha afirmado: "Del dicho al hecho, hay mucho trecho".

I. La concepción
   A. Tenemos sueños
   B. Tomamos decisiones (especialmente en momentos de invitación)
   C. Tenemos buenas intenciones (casi todo el mundo intenta hacer las cosas mejor de lo que hace)

II. Las distracciones
   A. La parábola del sembrador desde el punto de vista del fruto (olvidemos de momento la tierra y la semilla) (Mt. 13:1-23; especialmente vv. 21-22)
      1. La prueba de la tribulación: el sueño, etc., se convierte en una prueba
      2. El poder de la persecución: la presión de la gente nos paraliza
      3. Los ahogos de los afanes (de este mundo): tales cosas no son necesariamente malas en sí mismas
      4. El susurro de las riquezas: la acumulación y el almacenamiento de las mismas se convierten en una gran preocupación
   B. Las maquinaciones de Satanás (2 Co. 2:11)
      1. Distracciones
      2. Diversiones
      3. Distorsiones
      4. Desánimos
      5. Burlas

III. La realización
   A. El punto de partida de la oración (Lc. 5:12-16). Si el Señor Jesús tenía que orar ¿cuánto más nosotros?

1. Oración para tener mayor claridad sobre lo que ya tenemos
2. Oración para saber lo que hemos de hacer
B. La importancia de un plan (Esd. 7:10)
    1 Otra vez "Del dicho al hecho, hay mucho trecho"
    2. Se requiere un plan para superar el abismo
C. La importancia de la determinación (Dn. 1:8)
    1. Daniel había propuesto esto en su corazón
    2. Debemos identificar lo que realmente queremos
D. La importancia de la práctica (Hch. 16:6-11)
    1. Pablo no se rindió, aun cuando no estaba seguro
    2. Debemos comprometernos a perseverar; no hay sustituto alguno para una decisión de la voluntad

Conclusión:

Nuestros sueños, decisiones e intenciones han de convertirse en realidad, pero la realización requiere más que meros sueños, decisiones e intenciones. Comprométete a hacer realidad tus sueños, implantar tus decisiones, y dar vida a tus intenciones.

¡NO ME TIENTES!

Mateo 4:1-11

Introducción:

Todas las épocas y etapas de la vida tienen sus tentaciones. Pero los años de la adolescencia y de la juventud parecen más difíciles en este sentido. Ofrezco algunas sugerencias que pueden ser útiles.

I. Las tentaciones están por todas partes
   A. Hay muchos ejemplos en las Escrituras
   B. Probablemente este sea el incidente que más lecciones nos da

II. Las tentaciones asedian a todo el mundo
   A. También llegaron a Cristo
   B. Si Cristo fue tentado, ¿por qué tú no?

III. Las tentaciones tienen su origen en Satanás
   A. Dios nunca tienta a nadie, aunque lo puede permitir

B. En la raíz de toda tentación puede verse a Satanás

IV. Las tentaciones buscan una oportunidad
A. Jesús acababa de experimentar una gran victoria (3:13-17)
B. Jesús ya había pasado por la privación física (4:1-2)
C. Las tentaciones normalmente son peores tras alguna dificultad o victoria

V. Las tentaciones atacan desde dos flancos
A. La tentación es un factor externo
B. La tentación solo obra cuando algo interno responde a la tentación (Stg. 1:14-15)

VI. Las tentaciones pueden resistirse
A. El gran debate
  1. Jesús no era capaz de pecar
  2. Jesús era capaz de no pecar
B. Puesto que el Señor Jesús resistió, tú también puedes resistir

VII. Las tentaciones se vencen con las Escrituras
A. Observa sus citas (Él nos da la interpretación correcta)
B. Conocimiento de las Escrituras
  1. Nos mantiene lejos de la tentación (nos indica cómo alejarnos, Pr. 7)
  2. Nos guarda de caer en tentación

VIII. Las tentaciones pueden vencerse
A. Se requiere una resistencia constante (Stg. 4:7)
B. Se precisa una dependencia continua en las Escrituras
C. La resistencia se afirma mediante victorias repetidas

Conclusión:

Las tentaciones son una realidad presente en todas partes. La tentación no es un "mal necesario" en el sentido de que estemos obligados a caer. Las tentaciones no son culpa nuestra; ahora bien, caer en la tentación sí es nuestra culpa. Ser joven no es excusa.

¿LECHE O ALIMENTO SÓLIDO?
Hebreos 5:11-14

Introducción:

El autor de Hebreos condena a los cristianos hebreos: "Os habéis hecho tardos para oír". Y sigue con su crítica. La inmadurez sea mental, emocional o espiritual nunca es atractiva. ¿Tienes toda la madurez que deberías tener?

I. Las características de la inmadurez
   A. Aquellos que beben leche: suficiente cristianismo para llegar al cielo pero no suficiente para prepararlos para el cielo
      1. Incapacidad de entender (especialmente las verdades bíblicas) (v. 11)
      2. Necesidad de ser enseñados (verdades básicas) (v. 12)
      3. Incapacidad de discernir (especialmente entre el bien y el mal) (v. 12)
      4. Recaída ("habéis llegado a ser") (v. 12b)
   B. ¿Cuál es tu dieta?

II. Las dificultades para madurar
   A. ¿Por qué la gente no madura espiritualmente?
      1. Comodidad: un compromiso real para Cristo sacude nuestra comodidad
      2. Confinamiento: atado a la tradición o al mundo
      3. Conformidad: a una cultura (y puede ser cualquier cultura, incluso una cultura cristiana)
      4. Complacencia: quizás el problema más grande de todos
   B. ¿Cuál es tu excusa?

III. Las características de la madurez
   A. Aquellos que comen carne
      1. Capacidad de entender, especialmente las enseñanzas profundas de la Palabra de Dios (v. 12)
      2. Capacidad de enseñar (al menos informalmente) las verdades básicas del cristianismo (v. 12)
      3. Capacidad de discernir, para ver la diferencia (v. 14)

B. ¿Eres un buen ejemplo para alguien?

IV. El camino hacia la madurez
A. Tenían que cambiar sus estructuras mentales
1. Uso continuo de la Palabra de Dios (v. 14)
2. Práctica continua de los principios bíblicos (v. 14)
3. Experiencias continuas de éxito cristiano (v. 14)

B. ¿Tienes la madurez que deberías?

Conclusión:

La madurez espiritual siempre es un asunto de elección. No se determina por la edad cronológica. Lamentablemente, tampoco se determina por la edad espiritual. ¿Qué vas a tomar? ¿Un biberón o un bistec?

UN CORAZÓN ENDURECIDO
Hebreos 3:7—4:8

Introducción:

Hay una extraña enfermedad del corazón por la cual este se calcifica y se endurece. Es una enfermedad espiritual muy común que padecen muchos jóvenes. Un corazón endurecido es algo muy serio y puede ser espiritualmente mortal. Vamos a examinar la enfermedad.

I. Las características del corazón endurecido
A. Cerrado al mensaje de Dios
1. Oye, pero no escucha
2. Oye, pero con el filtro puesto

B. Resistente a los llamados de Dios
1. Rechaza atender las invitaciones de Dios
2. Es insensible a la Palabra de Dios

C. Impermeable a la actuación de Dios en su vida
1. No entiende causa y efecto
2. No se rinde, incluso con la disciplina más severa

II. La causa del corazón endurecido
A. Visto claramente en Israel
1. No creían a Dios (especialmente, en la bondad, sabiduría y provisión divinas)

          2. No le obedecían
          3. No aprendían de Él, ni tampoco de sus propias experiencias
     B. Son problemas comunes de los hombres
          1. La incredulidad en los discípulos (Mr. 16:14)
          2. La desobediencia vista a lo largo de la historia de Israel (Neh. 9:16-17, 29)
          3. La tozudez se ve también en los discípulos (Mr. 6:52)
     C. También es ampliamente evidente entre el pueblo de Dios hoy
          1. Resistencia
          2. Rechazo
          3. Rebeldía

III. El resultado de un corazón endurecido
     A. Visto en Israel, provocó la ira de Dios
          1. Padecieron privaciones continuas
          2. Tuvieron que aprender de nuevo constantemente
          3. Perdieron todas las bendiciones
     B. Sin duda es cierto hoy en día
          1. ¿Cuántas bendiciones perdemos?
          2. ¿Cuántas privaciones sufrimos?
          3. ¿Cuántos problemas continuos vivimos?

IV. El peligro de un corazón endurecido
     A. Es sutil
          1. Sucede sin nuestro conocimiento
          2. Sucede mientras estamos ocupados con otras cosas
     B. Es gradual
          1. No sucede de golpe
          2. Pocos caemos de repente
     C. Es engañoso (He. 3:13)
          1. El pecado nos ayuda a construir buenas defensas
          2. El pecado nos proporciona razonamientos elaborados

V. Los síntomas del corazón endurecido
     A. Gran dificultad para admitir y confesar el pecado
     B. Un espíritu amargo hacia otro creyente
     C. Desinterés en perdonar

- D. Resistencia a la Palabra de Dios
- E. Actitud inflexible, cerrado al cambio
- F. Insistencia de estar en lo correcto
- G. Desidia para aprender nuevas cosas espirituales
- H. Rechazo de relaciones profundas
- I. Sensibilidad excesiva con los demás
- J. Falta de sensibilidad hacia los demás
- K. Preocupación con uno mismo, con las necesidades personales, etc.
- L. Gran dificultad para confiar en Dios por las necesidades
- M. Rechazo para escuchar el mensaje que el Señor tiene para uno mismo

Conclusión:

La única respuesta consiste en un corazón quebrantado y humillado (ver Sal. 34:18; 147:3; Is. 57:15; 66:1-2). Literalmente debemos "quebrantarnos" ante Él, y cada vez que nos acercamos a Él, debemos ir con un espíritu quebrantado. ¿Está calcificándose tu corazón?

UN MANDAMIENTO DIFÍCIL

Mateo 5:44

Introducción:

Es genial ser joven, ¿verdad? No se espera demasiado de ti. Pero Dios no lo ve así. Nos dio algunas cosas difíciles que hacer.

I.   ¿Para quién las hemos de hacer?
- A. Nuestros enemigos
- B. Aquellos que nos maldicen
- C. Aquellos que nos odian
- D. Aquellos que nos usan despiadadamente
- E. Aquellos que nos persiguen

II. ¿Qué hemos de hacer por ellos?
- A. Amarles
- B. Bendecirles
- C. Hacerles bien
- D. Orar por ellos

III. ¿Por qué debemos hacer esas cosas?
   A. Porque Dios lo manda
   B. Porque al hacerlo así, reconocemos la soberanía de Dios
   C. Porque al hacerlo así, nos conformamos a la mente de Cristo
   D. Porque al hacerlo así, mostramos algo al inconverso
   E. Porque es para nuestro beneficio
   F. Porque es una señal de madurez

Conclusión:
La dificultad de un mandamiento no afecta en absoluto nuestra responsabilidad de obedecerlo. Esto es especialmente cierto a la luz de la presencia del Espíritu Santo en nosotros, la cual nos ayuda a obedecer. ¡Lo mejor es hacerlo!

LA VERDADERA CONFESIÓN
1 Juan 1:8-10

Introducción:
El pecado es un problema para los jóvenes. Una gran parte del problema es la culpa. ¿Hay una manera de tratar con el pecado y la culpa? ¡Sí!

I. La importancia de la confesión
   A. El problema del pecado
   B. La necesidad del perdón
   C. El requisito de la confesión

II. Los aspectos de la confesión
   A. Debo reconocer mi pecado
   B. Debo estar de acuerdo con Dios
   C. Debo admitir mi culpa

III. Ejemplos de cómo algunos han tratado con el pecado
   A. Saúl: culpar a otros (1 S. 15)
   B. Judas: un enfoque equivocado (Mt. 27:3; Hch. 4)
   C. José: el factor divino (Gn. 39:9)
   D. David: un enfoque ideal (Sal. 51:4)

IV. Las implicaciones de la confesión
   A. Deseo de llamar al pecado por su nombre
   B. Deseo de entender lo que dice la Biblia sobre el asunto
   C. Unas consecuencias trágicas cuando falta la confesión
      1. Oración estorbada
      2. Falta de poder
      3. Crecimiento atrofiado

Conclusión:
Si no vences el pecado, el pecado te vencerá a ti. El pecado sólo se trata adecuadamente mediante la confesión.

LA PREGUNTA DEFINITIVA
Hechos 16:25-34

Introducción:
¿Crees toda la Biblia? Algunas cosas en la Biblia son difíciles de creer, especialmente versículos como Hechos 16:25. Pablo y Silas cantaban y oraban a medianoche en la cárcel, y como resultado el carcelero les hizo una pregunta, la pregunta definitiva.

I. El carcelero tenía una necesidad
   A. Pensaba que los prisioneros habían huido
   B. Sabía que él pagaría el precio
   C. Vio el suicidio como medio de escape de una situación irremediable
   D. Enfrentó una verdadera crisis
      1. Se alarmó por el terremoto
      2. Se sorprendió al ver los prisioneros
      3. Se maravilló de la calma de los apóstoles
      4. Se asombró por la presencia de Dios
   E. Tenía una necesidad y la reconoció
   F. Hizo la pregunta definitiva
      1. ¿Qué debo hacer para ser salvo?
      2. Lleva al fundamento de la vida

II. Pablo tenía la respuesta
   A. "No te hagas ningún mal"
      1. Siempre el mensaje del cristianismo

        2. Cubre muchas áreas de la vida
    B. Observa su respuesta
        1. Sencilla
        2. Sin adornos
        3. Eficaz
    C. Lo que no dijo
        1. Hacerte miembro de una iglesia
        2. Hacer buenas obras
        3. Esperar pacientemente
        4. Ser bautizado
        5. Dar dinero
        6. Pensar positivamente
        7. Trabajar duro
        8. Sin duda, si algo se tenía que hacer se lo hubiera dicho
    D. Lo que sí dijo: creer
        1. Aceptarlo como verdad
        2. Recibirlo como algo personal
        3. Depender en ello como lo único suficiente
    E. Su atención fue llevada a otros, hacia su familia

III. Cristo tenía una solución
    A. Naturaleza humana + carácter de Dios = incapacidad humana
    B. Necesidad del hombre + sacrificio de Cristo = provisión de Dios
    C. Provisión de Dios + aceptación del hombre = salvación eterna

Conclusión:
El carcelero hizo la pregunta definitiva: "¿Qué debo hacer para ser salvo?" Pablo tenía la respuesta definitiva: "Cree en el Señor Jesucristo". Dios hizo la provisión definitiva. ¿Te has hecho esa pregunta? ¿Qué respuesta estás aceptando?

¡EMOCIÓNATE!
Gálatas 4:18

Introducción:
Mira el fútbol como un espectador interesado. Algunas cosas son interesantes, y algunas cosas son asombrosas. La gente realmente se emociona con el deporte. La idea de emocionarse también aparece en la Biblia.

I. Todo el mundo es capaz de "mostrar celo" por algo
   A. Significa estar muy emocionado o entusiasmado
   B. Los gálatas mostraron celo a causa de los falsos maestros
      1. Pablo dice que eran falsos respecto a lo que él les había enseñado
      2. Los falsos maestros habían venido y habían cambiado las lealtades
      3. Los falsos maestros estaban trabajando para su propio beneficio
   C. ¿Qué te hace "mostrar celo"?
      1. Deportes
      2. Compras
      3. Dinero (ganarlo, tenerlo, gastarlo)
      4. Realizar algo
      5. Afición
      6. Alguna relación

II. Es bueno "mostrar celo" por cosas buenas
   A. No hay nada malo en emocionarte con las cosas
      1. Dios nos ha dado la capacidad de disfrutar de las cosas
      2. Nos ha dado cosas para disfrutar
   B. Había un problema en la iglesia gálata
      1. El problema no era "mostrar celo", sino...
      2. Lo que les hizo "mostrar celo"
   C. Cuanto mejor sea la cosa, dice Pablo, mejor será la emoción
      1. Las cosas que nos emocionan hablan de nosotros
      2. Una emoción por las cosas excelentes es una emoción excelente

III. Algunas cosas excelentes que deberían emocionarte
   A. Oportunidades para hacer buenas obras (Tit. 2:14)
   B. Reproche y castigo (Ap. 3:19)
   C. Los mandamientos de Dios (1 Jn. 3:22; 5:3)
   D. El bien de la obra de Dios (Jn. 2:17)
   E. La vida cristiana en general
   F. La oferta de salvación (una oferta de éxito seguro se aceptaría inmediatamente; pero con frecuencia se desoye la oferta de perdón, de libertad del pecado y de vida eterna)

IV. ¿Cómo se muestran los efectos de "mostrar celo"?
   A. Mediante una respuesta
      1. Es necesaria una respuesta interna
      2. Es deseable una respuesta externa
   B. Mediante un cambio
      1. Siempre debe ser la meta de la predicación
      2. Siempre en una línea, es decir, convertirse cada vez más en lo que Dios quiere que seamos
      3. Siempre una posibilidad atractiva
   C. Mediante la aceptación
      1. La oferta de Dios merece ser aceptada
      2. Aceptar el regalo de su Hijo es "mostrar celo"

Conclusión:

Nos emocionamos por toda clase de cosas. Muchas veces las cosas que menos nos emocionan son las espirituales. Parece que tememos ser fanáticos. Somos fanáticos en otras áreas. Es bueno emocionarse por cosas buenas. ¿No es el momento de emocionarte por la vida cristiana? ¿Por la salvación?

TRES ASIGNATURAS PARA SACAR UN SOBRESALIENTE
1 Timoteo 6:11-12

Introducción:

He desarrollado un programa de interés para los estudiantes. Concéntrate en tres "asignaturas" y sacarás un sobresaliente. Lamentablemente, no es así en la vida académica. Tiene que ver

con los asuntos espirituales en las epístolas de Timoteo. Pablo manda tres cosas:
- Huir
- Seguir
- Pelear

Si haces estas cosas, sacarás un "sobresaliente"

I. Huir
A. "De estas cosas"
1. Descontento con lo que te ha tocado en la vida (1 Ti. 6:6-8)
   a. Ganancia + piedad = error
   b. Piedad + ganancia = también error
   c. Piedad + contentamiento = ganancia
2. La atracción del dinero (vv. 9-10)
   a. El dinero no es el problema; el amor al (deseo de) dinero lo es
   b. Es la causa de muchos deseos dañinos y codicias necias
   c. Acaba en ruina y destrucción

B. "Pasiones juveniles" (2 Ti. 2:22)
1. Las pasiones (deseos) que afligen a los jóvenes
   a. Ambición sin freno
   b. Deseo de poder
   c. El sexo y todo lo que le acompaña
   d. Fama a cualquier precio
2. Lamentablemente, no superamos esas cosas con la edad

II. Seguir
A. Significa perseverar, proseguir, ir adelante
B. Objetos a seguir
1. Piedad, fe, amor, paciencia, humildad, paz (2 Ti. 2:22)
2. Todos son frutos del Espíritu
3. Todo puede obtenerse: son cosas que podemos adquirir; si no fuera así, no habría mandamiento
C. Un análisis
1. Estas características nos ofrecen guía para lo externo y control para lo interno
2. Son indicadores de una relación correcta entre el alma y Dios, de los principios que te motivan en

lo más profundo de la vida cristiana y las actitudes correctas en nuestro trato con otros.
D. Seguir es un proceso activo (1 Ti. 4:15)
   1. Siempre considerar estas cosas
   2. Ocuparse "en ellas", ser absorbido por ellas
   3. Una muestra creciente de sus efectos internos

III. Pelear
   A. La ilustración es de un atleta, no de un soldado
   B. Significado
      1. Forcejea con y preocúpate por el trabajo que te han encomendado
      2. Compite en el ámbito espiritual
   C. Esto sustenta los dos mandamientos anteriores
      1. Ocúpate de huir y seguir
      2. No te rindas a "ir con la corriente"
   D. "Pelea la buena batalla de la fe"

Conclusión:
La vida cristiana supone huir de ciertas cosas. Somos responsables de esto, y sabemos lo que implica. La vida cristiana supone seguir a Cristo e ir adelante. Deberíamos desarrollar ciertas cualidades. La vida cristiana supone una lucha, la lucha de un atleta. Esto implica un esfuerzo, y es necesaria una atención constante. ¿Vas lo suficientemente bien en las tres "asignaturas" como para sacar un "sobresaliente"?

UNA CIUDAD SIN MURALLAS
Proverbios 25:28

Introducción:
La Biblia está llena de vívidas ilustraciones. Un conocimiento de las culturas antiguas nos ayudará a tener un mejor entendimiento de las Escrituras. En este versículo, se ofrece una ilustración de gran utilidad. Una ilustración cuyo propósito es el de enseñar, una ilustración de la cual hemos de aprender lecciones.

I. Una ciudad sin murallas
   A. Es necesario aquí explicar la ciudad amurallada de los

tiempos del Antiguo Testamento
- B. Una ciudad sin murallas tenía grandes problemas
    1. Indefendible
    2. Abierta a todo lo que pasaba
    3. Totalmente insegura
    4. Sin control interno
    5. Con las consecuencias de un fracaso obvio
    6. Objeto de desprecio para aquel que tiene conocimiento
    7. Siempre en peligro de ser arrastrada

II. Un hombre sin dominio propio
- A. Normalmente se piensa de esto en términos de la ira, pero no es así
    1. Las emociones que motiva a uno
        A. Ira
        b. Pereza
        c. Histeria
        d. Rencor
        e. Depresión
        f. Resentimiento
    2. Los pecados que acosan a uno
        a. Pensamientos malvados
        b. Mentiras
        c. Robo
        d. Hacer trampas
        e. Murmuración
    3. Las pasiones que consumen a uno
        a. Lujuria
        b. Codicia
        c. Apetito
        d. Ambición
        e. Venganza
        f. Rebeldía
- B. Crea el mismo problema que una ciudad sin murallas
    1. Indefendible (especialmente contra la tentación)
    2. Abierto a todo lo que pasa
    3. Totalmente inseguro
    4. Obviamente sin control interno
    5. Con las consecuencias de un fracaso obvio
    6. Objeto de desprecio para otros

      7. Siempre en peligro de ser arrastrado
- C. Ejemplos bíblicos interesantes
  1. Sansón
  2. Saúl
  3. Salomón

III. Una solución sin escapatoria
- A. No hay una solución simple, se requiere esfuerzo
- B. La solución
  1. Aceptar responsabilidades
  2. Identificar problemas específicos
  3. Orar por ayuda divina
  4. Trabajar en un área específica (con todos los recursos disponibles)
  5. ¡Hazlo! Es un fruto del Espíritu, y es algo en lo que tenemos que trabajar, desarrollar, practicar (2 P. 1:6)
- C. Dos grandes razones para la derrota
  1. No aceptar responsabilidad
  2. Esperar una solución mágica

Conclusión:

Vives en una generación sin autocontrol. El autocontrol debe marcar a los hijos de Dios, incluso a los más jóvenes. La posesión más grande es uno mismo; la conquista más grande es la conquista de uno mismo. ¿Eres como una ciudad atormentada y desconcertada?

¡A NADIE LE GUSTAN LOS REPROCHES!
Proverbios 9:7-9

Introducción:

A la mayoría de las personas les disgustan los reproches, pero estos pasajes nos ofrecen una visión diferente.

I. Todo el mundo necesita reproches
- A. Se incluyen varios tipos aquí
- B. Los que creen que no los necesitan son los que más los necesitan
- C. Incluso los hombres sabios necesitan reproches

II. No todo el mundo puede soportar la reprobación
   A. El hombre desdeñador y malvado no puede soportarla
   B. Las personas con un enorme ego no pueden soportarla (a menudo se puede notar el tamaño del ego de una persona por su capacidad de admitir el error o pedir perdón)

III. Se puede entender el carácter de una persona por su manera de encajar los reproches
   A. El hombre desdeñador y malvado rechaza y odia al que le reprueba
   B. El hombre sabio y justo aprecia los reproches y al que le reprende
   C. Es posible que aquel que no puede aceptarlos no sea altivo ni malvado, pero sin duda no es sabio

IV. La reprobación es el medio designado por Dios para hacernos más sabios y aumentar nuestro conocimiento
   A. Dios usa la reprobación para ayudarnos a crecer (Pr. 13:18; 15:12, 31-32; 17:10)
   B. Cuantos más reproches recibamos, mejor estaremos

V. Un hombre sabio aprecia los reproches porque le ayudan
   A. Es capaz de ver los beneficios
   B. Prefiere los reproches más que los halagos (Pr. 27:6)

VI. Los reproches proceden de diferentes fuentes
   A. Un reproche con significado se basa en la Palabra de Dios
   B. Participan muchas fuentes
      1. Personas
      2. Predicaciones
      3. Lectura

Conclusión:

No seas como un animal estúpido. ¿Excesivamente duro? ¿Qué hay del Salmo 32:9? A un hombre sabio puede que no le gusten los reproches, pero gustosamente los oirá y apreciará a quien le reprende. ¡Sé sabio!

EL CONTROL DE LA MENTE
Filipenses 4:8

Introducción:
La mayoría de personas considera el control de la mente repugnante o espantoso, pero la Biblia claramente enseña sobre este tema. Vamos a echar un vistazo a lo que dice.

I. La posibilidad del control de la mente
  A. La posición: es posible controlar nuestros pensamientos
  B. La demostración
    1. Aquellos momentos en que centramos nuestra mente en cosas específicas (exámenes, leer un libro interesante, ver deportes, participar en una conversación, etc.)
    2. Las Escrituras hablan de ello

II. La receta para el control de la mente
  A. El pasaje claramente nos muestra cómo hacerlo
    1. Identifica varias categorías
    2. Nos instruye a pensar en ellas
  B. Observa las palabras específicas
    1. Verdadero: lo que está de acuerdo con los hechos, o es sin error o fallo
    2. Honesto: venerado por su carácter (palabra para reverenciado)
    3. Justo: inocente, impecable, sin culpa, aprobado o aceptable a Dios
    4. Puro: casto, pudoroso, limpio, transparente
    5. Amable: aceptable, agradable
    6 Buen nombre: digno de alabanza
    7. Virtud: excelencia moral
    8. Alabanza: lo que es encomendable o generalmente aprobable por las personas de excelente carácter
  C. Se presenta una afirmación resumida obvia: Es tu obligación pensar en las cosas correctas (y si estás obligado a hacerlo, puedes hacerlo)

III. Los límites implicados en el control de la mente
  A. Lo mencionado anteriormente son buenas cosas en las cuales hemos de pensar
  B. Es obvio que no hemos de centrarnos en lo opuesto
   1. Aquellas cosas que no son ciertas o que son erróneas
   2. Aquellas cosas que se conocen por sus valores negativos
   3. Aquellas cosas que no son inocentes ni aprobadas ni aceptables a Dios
   4. Aquellas cosas que no son castas, pudorosas, etc.
   5. Aquellas cosas que son inaceptables para personas de excelente carácter
   6. Aquellas cosas que no son dignas de alabanza
   7. Aquellas cosas que no muestran una excelencia moral
   8. Aquellas cosas que no son encomendables o aprobables por personas reflexivas
  C. Se convierte en una declaración clara: no pienses en cosas que son contrarias a lo que acabo de presentar

IV. Los aspectos prácticos implicados en el control de la mente
  A. Pornografía: trata de algo no accesible para ti; tiende a distorsionar las relaciones puras; lleva a la adición (rendir la mente a algo o alguien que no sea Cristo)
  B. Películas: obviamente hay excepciones pero las películas deberían cumplir los criterios de este pasaje
  C. Televisión: gran parte del contenido no cumple con estos criterios
  D. Amargura: tener malos pensamientos de las personas tampoco encaja con los criterios mencionados (concentrarse en lo negativo, vicios, etc., va en contra de muchas cosas específicamente mencionadas)
  E. Preocupación: tampoco encaja, ya que no agrada a Dios ni ayuda al ser humano

Conclusión:

Hemos de empezar a ser honestos con nosotros mismos sobre nuestros pensamientos y las cosas que más les afectan. Hemos de dejar de justificar los malos pensamientos. En una conversación con una persona reflexiva, ¿realmente podrías justificar lo que estás pensando? ¿Estarías incluso dispuesto a intentarlo? Dios quiere que nuestra mente esté bajo control, primero bajo tu control, luego bajo el suyo.

EL CAMINO DEL MUNDO
1 Juan 2:15

Introducción:

La Biblia usa la palabra *mundo* de varias maneras: el universo físico y material o el sistema del mundo que se opone a Dios y Cristo. Las referencias a este último son comunes en el Nuevo Testamento. Veamos el mundo como es, como herramienta de Satanás. Veamos el mundo tal como es.

I. Engaña (Ap. 20:3)
   A. Satanás es un falsificador
      1. Proporciona sustitutos religiosos para los que están fuera de Cristo
      2. Puede falsificar algunas obras de Dios (plagas de Egipto)
   B. El mundo intenta engañar
      1. Nos dice que lo real no lo es y que lo irreal es real
      2. Intenta convencernos de que este mundo es todo lo que hay
   C. Es claramente evidente en la publicidad: "el arte de fascinar al ser humano durante suficiente tiempo como para quitarle el dinero"

II. Destruye
   A. Satanás es un destructor
      1. Claramente evidente en Judas; fue utilizado y luego destruido
      2. Al final, destruye a todos los que utiliza
   B. Busca destruirnos pero no puede, de modo que aprovecha cosas en nosotros
      1. Intenta apagar nuestro amor por el Señor
      2. Intenta confundir nuestras mentes

3. Intenta crear enemistad (no debe sorprendernos que los hombres estén airados con Dios)
4. Intenta destruir nuestro compromiso

III. Profana
   A. Satanás es un profanador
      1. Busca estropear lo que no puede controlar
      2. Intenta debilitar nuestras defensas contra todo lo que es vil
   B. Es la base del sistema actual del mundo
      1. Placer sexual y físico
      2. Orgullo y hedonismo
      3. Avaricia y posesiones
      4. Emociones y sentimientos
   C. Satanás intenta darnos lo que "queremos" de modo que no encontremos al Señor suficiente para nuestras necesidades (y a menudo tiene éxito)

IV. Divide
   A. Satanás es un separador
      1. Intenta crear división cuando es posible
      2. En realidad es el autor de la confusión
   B. Obra entre creyentes
      1. Familias
      2. Iglesias
      3. Relaciones personales

Conclusión:
Esto ayuda a nuestro entendimiento: así funciona el mundo. Nos da una advertencia: ten cuidado de no ser arrastrado por el mundo. Nos da ánimo: no hemos de dejarnos dominar por el mundo (1 Jn. 4:4). Hemos de examinar nuestro corazón: ¿Cuál es mi actitud hacia el mundo? ¿Me dejo engañar por el mundo? ¿Permito que el mundo me destruya? ¿Me dejo ensuciar por el mundo (especialmente en mi mente)? ¿Me encuentro en medio de las divisiones promovidas por el mundo?

¡NO TE ENGAÑES!
Jeremías 17:9-10

Introducción:

"No te engañes". Esta sugerencia es más fácil de decir que de hacer. La verdad es que nos engañamos constantemente, y tiene fácil explicación.

I. La causa del autoengaño
   A. La condición del corazón
      1. Incluye los pensamientos, sentimientos, intenciones
      2. El lugar donde se encuentra la persona, tal como realmente es
      3. La fuente de todas las palabras y acciones
      4. "La naturaleza de la fuente determina la naturaleza de la corriente"
   B. El carácter del corazón (ver Sal. 52:2-3): se nombran tres características
      1. Engañoso
      2. Perverso (seriamente enfermo)
      3. Imposible de conocer

II. La astucia del autoengaño: Hace diez cosas, que se recogen en tres categorías
   A. El corazón se engaña a sí mismo
      1. Intenta verse a sí mismo de la mejor manera posible
      2. Racionaliza y se justifica a sí mismo
   B. El corazón enreda nuestros pensamientos
      1. Convierte lo bueno en malo y lo malo en bueno
      2. Desarrolla y medita en las cosas que uno no debe hacer
      3. Se convence a sí mismo de que nadie sabe ni lo puede saber
      4. Rechaza considerar las cosas difíciles
      5. Enfatiza lo externo para desviar la atención de sí mismo
   C. El corazón se centra en los demás
      1. Acusa a otros de sus propios problemas
      2. Intenta culpar a otros de sus problemas

3. Ve en otros sus propios problemas

III. La advertencia para el autoengaño
A. Dios nos escudriña
1. Un tema bíblico constante (Sal. 139:1-2)
2. Su mirada es totalmente penetrante y descubre los secretos más profundos

B. Dios nos conoce, nos escudriña y nos pone a prueba
1. También un tema bíblico constante (Sal. 44:21; 94:11)
2. Dios nos conoce, a pesar de que engañemos al mundo

C. Dios nos recompensa
1. Su conocimiento es seguido por su actuación en nuestra vida
2. Premia o juzga según su conocimiento, lo cual puede explicar por qué suceden cosas que no pensamos que merecemos. Pero gracias a su misericordia, no recibimos todo lo que realmente merecemos.

IV. La solución para el autoengaño
A. Olvídate de los demás
B. Examínate a ti mismo (1 Co. 11:28; 2 Co. 13:15)
C. Compárate con la Palabra de Dios
1. Tenemos un modelo para nuestro camino
2. Tal modelo se demuestra como adecuada
3. El modelo tiene un efecto en sí mismo

Conclusión:

¡No te engañes! Pero casi seguro que estás haciendo exactamente esto. Hemos de evaluarnos a la luz de la Palabra. ¿Qué te está diciendo el Espíritu Santo en este momento? ¿Qué vas a hacer al respecto? ¿Actuar? ¿Seguir engañándote?